신규 간호사 김삐뽀

신규 간호사 김삐뽀

신규 간호사 김삐뽀

저자 '술리' _ 만 1년을 벗어난 보통의 간호사.

누군가의 후배이자 동료

또는 선배 간호사.

kim_fiffopp

이 책은 많은 정보를 전달하는 책은 아니다.
하지만 수많은 김삐뽀들에게 위로와 공감이
되었으면 한다.

* 지극히 주관적인 견해로 쓴 책입니다. *

간호학과 4년을 거쳐

국가고시에 합격한

김삐뽀

여러 가지의 갈림길 중

임상을 선택하게 되는데...

몇 번의 서류, 인·적성 검사, 면접 끝에

원하는 병원에 붙게 된다.

김삐뽀는 '직장인'이 된다는 것이

새롭고 설렌다.

또, 나를 필요로 하는 직장이 있다는 것에

감사하다.

보통 웨이팅 동안 여행 또는 아르바이트를 하며
즐거운 시간을 보낸다.
김삐뽀 인생 중 가장 걱정 없이 행복한 기간이다.

그러던 중 병원에서 발령 문자를 받는다.

이제야 직장인이 된다는 것이

실감 나기 시작한다.

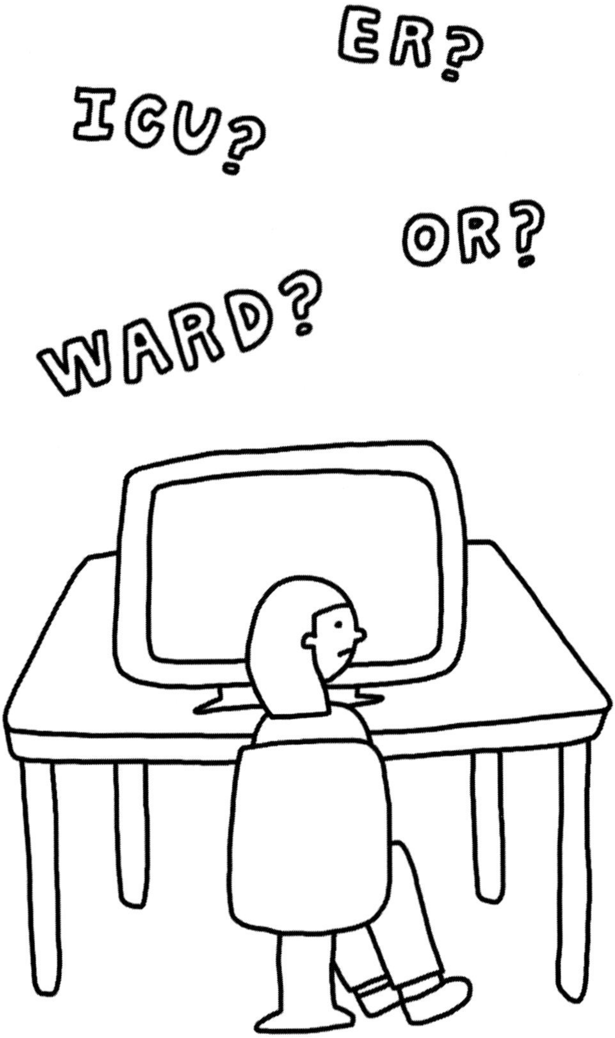
ER?
ICU?
OR?
WARD?

"어떤 부서를 지망할까?", "어떤 과를 지망할까?"

수많은 고민에 휩싸인다.

간호사 커뮤니티에 들어가 각종 경험담을 찾아본다.

또는 선배·동기들에게 부서를 추천받기도 한다.

많은 고민 끝에 특정 부서를 지망하게 되고

원하던 또는 원하지 않던 부서에 배치받게 된다.

병동 발령일이 다가올 때까지 김삐뽀는

기대 반·걱정 반이다.

불안감에 전공책을 뒤적이고 커뮤니티를 찾다보면

발령일은 다가오게 된다.

김삐뽀는 부서에 첫 인사를 가게 된다.

낯선 분위기, 낯선 환경, 낯선 사람들...

모든 것이 새롭고 낯설다.

프리셉터 선생님과 첫 대면을 한다.
환자, 보호자들을 응대하는
프리셉터 선생님이 대단해 보인다.
'나도 저렇게 할 수 있을까?'

프리셉터 선생님을 따라다니며 열심히 메모한다.

처음 보고 듣고 느끼는 것들로

김삐뽀의 수첩은 빼곡하다.

퇴근 후 집에서 메모장을 펼쳐본다.

복습하려고 노력하지만 생각처럼 쉽지 않다.

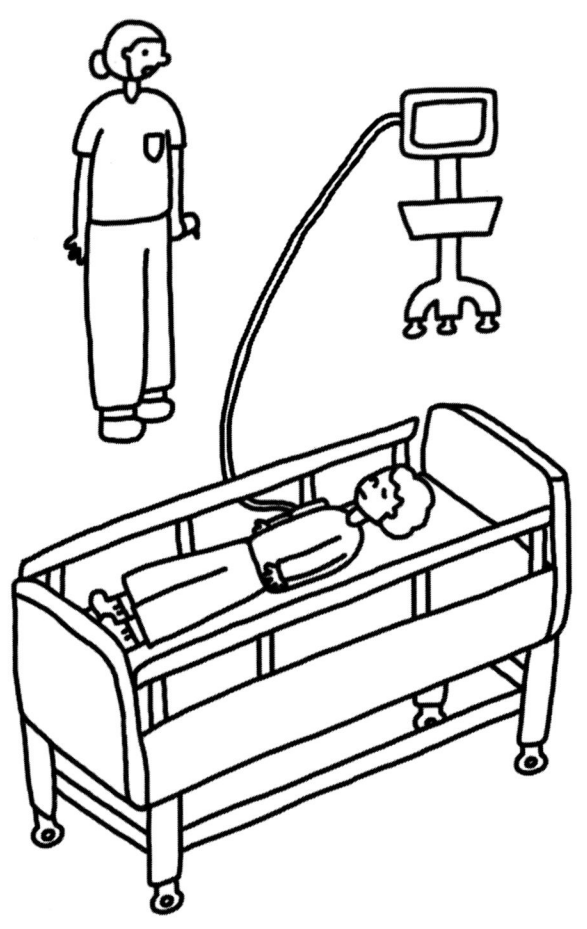

김뼈뽀는 프리셉터 선생님의 감독하에 활력징후를 측정하며 환자를 EXAM 하게 된다. OBSERVATION할 때는 할 수 있을 것만 같던 것도 직접 해보니 어렵기만 하다.

시간이 흘러 어느새 독립이 다가온다.

지난번에 겪었던 상황인데

어떻게 대처할지 모르겠다.

프리셉터 선생님의 표정이 굳는다.
김삐뽀는 노력하고 있다.
하지만 프리셉터 선생님의 시각에서
김삐뽀는 답답하기만 하다.

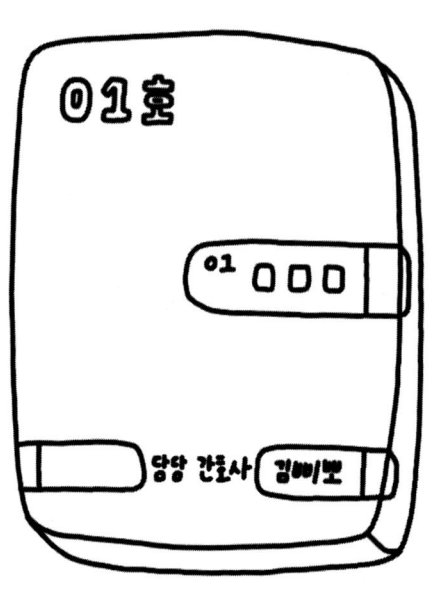

우여곡절 끝에 독립한 김삐뽀

자신이 여러 명의 환자를 책임지는

담당 간호사라는 것이 믿기지 않는다.

담당 간호사라는 책임감에

김삐뽀의 어깨가 무겁다.

환자 파악이 잘 되지 않는다.
인계장을 한참 들여다보고 나서야
어떤 환자인지 알게 된다.

근무가 끝나가고 인계 시간이 다가온다.
하지만 김삐뽀가 해야 할 일은 한참 남았다.
어떤 일부터 해야 할지 모르겠다.

결국 인계 듣는 선생님은 한숨을 쉰다.

김삐뽀는 "죄송합니다."를 반복한다.

퇴근을 늦게 하는 김삐뽀.

피곤하다.

내일 또 출근이라는 생각에 일찍 잠자리에 든다.

같은 하루가 반복된다.

잘하고 싶다.

자꾸 혼나는 자신의 모습에 속상하다.

매일 울면서 집에 간다.

그리고 또 출근한다.

오랜만의 오프다.

그동안 못 잤던 잠을 잔다.

출근하면 또 같은 일상이 반복된다.

김삐뽀는 선임에게 혼나고 "죄송합니다."를 반복한다.

반복되는 생활에 익숙해질 때쯤 실수를 한다.

잘하고 싶은데 자꾸 자괴감이 든다.

오프날 친구들과 만나서 기분전환을 한다.

각자 부서에서 힘들었던 얘기를 주고받으며

서로를 위로한다.

힘들었던 기억, 느낌들도 오프 때 서서히 옅어진다.

그 후 출근이 다가오면 심계 항진이 온다.

몇 개월 동안 같은 나날들이 반복된다.

병원-집-병원-집을 반복한다.

의미 없는 생활들이 지속된다.

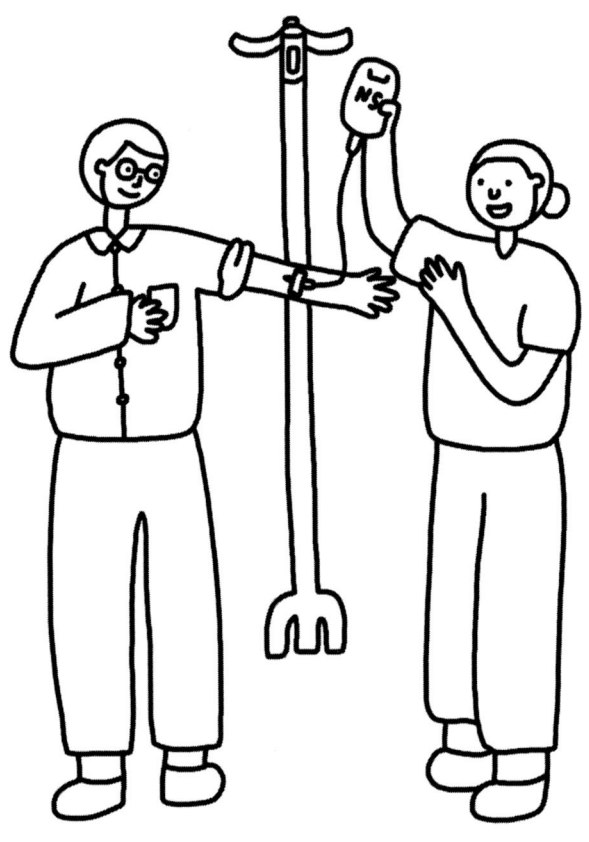

김삐뽀는 서서히 일에 익숙해진다.

혼나는 빈도도 줄어든다.

여전히 완벽하진 않다.

하지만 예전보다 나아졌다는 것을 느낀다.

어려운 것도 많지만 익숙한 것도 많다.

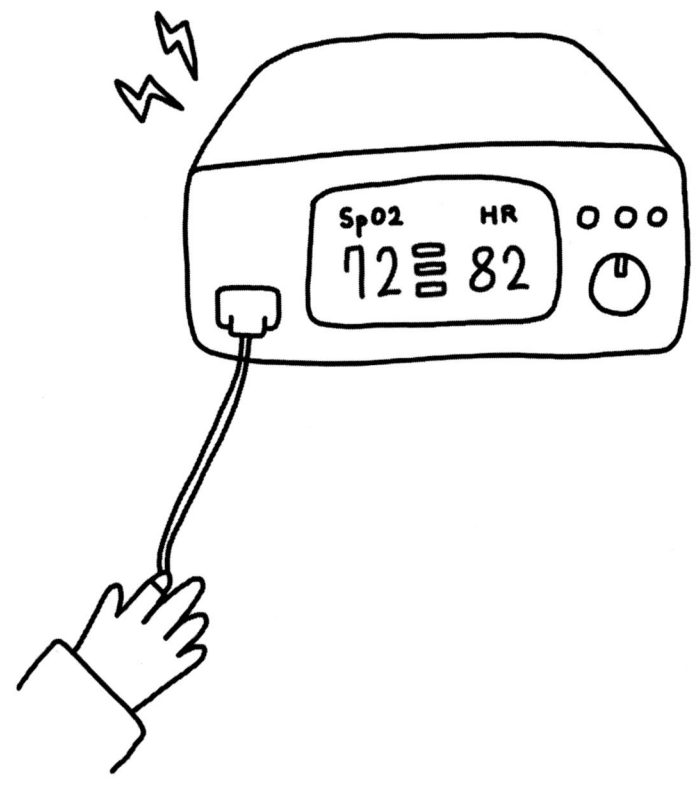

그날 환자의 상태, 이벤트에 따라
퇴근 시간이 유동적이다.
괜찮을 때는 다닐 만하다가도
이벤트가 터지는 날엔 그만두고 싶어진다.

우여곡절 끝에 김삐뽀는 입사하고

1년을 채웠다.

1년을 채운 자신이 대견하다.

1년이란 시간이 긴 것 같으면서도 짧다.
겪을 당시엔 '1년을 어떻게 버티지?'라고 생각했는데
돌이켜 보면 금방이다.

LEVEL UP

QUEST
1년을 채우시오.
complete

1년이라는 고된 시간 끝에
김삐뽀는 성장하였다.
김삐뽀는 임상에서의 경험을 통해
미래를 그려나갈 것이다.

당신도
할 수 있다!

김삐뽀들을 응원합니다.

신규 간호사 김삐뽀

발행일	2020년 7월 10일

지은이	슐리		
펴낸이	손형국		
펴낸곳	(주)북랩		
편집인	선일영	편집	강대건, 최예은, 최승헌, 이예지
디자인	이현수, 한수희, 김민하, 김윤주, 허지혜	제작	박기성, 황동현, 구성우, 권태련
마케팅	김회란, 박진관, 장은별		
출판등록	2004. 12. 1(제2012-000051호)		
주소	서울특별시 금천구 가산디지털 1로 168, 우림라이온스밸리 B동 B113-114호, C동 B101호		
홈페이지	www.book.co.kr		
전화번호	(02)2026-5777	팩스	(02)2026-5747
ISBN	979-11-6539-304-5 07810 (종이책)		979-11-6539-305-2 05810 (전자책)

잘못된 책은 구입한 곳에서 교환해드립니다.
이 책은 저작권법에 따라 보호받는 저작물이므로 무단 전재와 복제를 금합니다.

이 도서의 국립중앙도서관 출판예정도서목록(CIP)은 서지정보유통지원시스템 홈페이지(http://seoji.nl.go.kr)와
국가자료공동목록시스템(http://www.nl.go.kr/kolisnet)에서 이용하실 수 있습니다.
(CIP제어번호: CIP2020028564)

(주)북랩 성공출판의 파트너

북랩 홈페이지와 패밀리 사이트에서 다양한 출판 솔루션을 만나 보세요!

홈페이지 book.co.kr • **블로그** blog.naver.com/essaybook • **출판문의** book@book.co.kr